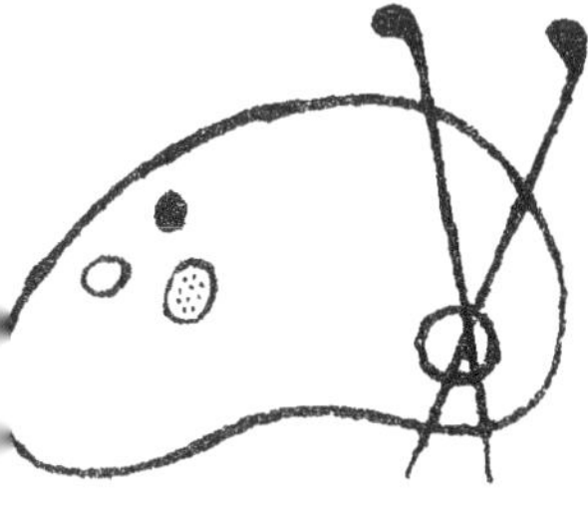

Début d'une série de documents en couleur

Couverture inférieure manquante

à Monsieur Léopold Delisle
Hommage respectueux
L. Guibert

LOUIS GUIBERT

RELIQUAIRES LIMOUSINS

TYPES, FORMES ET DÉCOR

TULLE
IMPRIMERIE CRAUFFON
Rue Général Delmas
1895

EXTRAIT

DU

Bulletin de la Société des Lettres, Sciences et Arts de la Corrèze

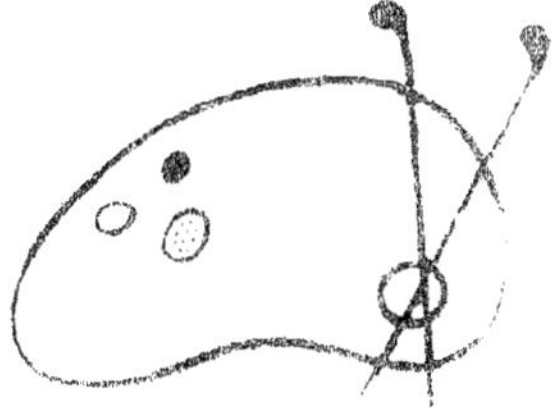

RELIQUAIRES LIMOUSINS

TYPES, FORMES ET DÉCOR

L'école d'orfèvrerie de Limoges a été une des plus importantes de toute l'Europe au moyen âge. Vers quelle année et dans quelles circonstances fut-elle créée ? on l'ignore. Pourvue de maîtres et alimentée d'élèves grâce à l'établissement monétaire fondé dans cette ville dès les premiers temps de la royauté franque, aux ateliers organisés dans plusieurs des grands monastères de Limoges et des environs, cette école avait, au XIIe siècle, et vraisemblablement dès une époque antérieure, conquis, par l'emploi fréquent et habile de l'émail dans la décoration des pièces, une renommée qu'elle sut conserver trois cents ans. Il est donc intéressant, après avoir étudié en particulier chacun des nombreux spécimens qui nous restent d'une industrie artistique ayant gardé si longtemps une incontestable vogue, de constater, par le rapprochement et la comparaison de ces produits, quels ont été les traditions de cette industrie, ses habitudes, ses types, ses formes et ses modes de décor favoris.

I

L'orfèvrerie limousine a surtout travaillé pour le service de l'Eglise. Ses plus anciens monuments connus ont une affectation liturgique, un usage pieux tout au moins. Ouvrez les vieilles chroniques de la province ; feuilletez les opuscules des premiers hagiographes : vous serez frappés du grand nombre d'objets d'or et d'argent consacrés au service de Dieu, à la mémoire des saints, dont ces auteurs signalent l'existence, ou même qu'ils décrivent, d'une façon plus ou moins sommaire. Nous appelions l'attention, il y a dix ans (1), sur les mentions répétées d'autels enrichis de lames d'or, de lampes d'or alternant avec des couronnes du même métal, de baldaquins d'autel, de candélabres, d'encensoirs, de croix, qu'on relève à la très ancienne *Vie de saint Martial.* L'auteur a sans nul doute vu tout ce qu'il se plaît, avec un peu d'exagération peut-être, à étaler dans ses pages naïves. Un peu plus tard, les chroniqueurs nous montrent les abbés de plusieurs monastères de la contrée commandant à des artistes du pays ou exécutant eux-mêmes des pièces importantes d'orfèvrerie : tabernacles, statues, châsses, croix, reliquaires, couvertures d'évangéliaires. Les mentions de ce genre sont assez nombreuses entre le xe et le xiiie siècles. Elles attestent l'activité des ateliers limousins et le talent des orfèvres, religieux ou laïques.

Dans l'exécution d'objets destinés à un usage profane, nos artistes seront plus portés à se conformer à la mode, à emprunter leurs décors, leurs formes même à des ouvrages venus de l'extérieur. Dans la conception, dans la fabrication des pièces destinées à un usage pieux, ils se sentiront plus libres et mettront parfois un peu plus d'eux-mêmes dans leurs œuvres, dont un grand nombre, il ne faut pas l'oublier, sont destinées à des sanctuaires de la province, sont exécutées pour l'église cathédrale ou paroissiale, pour un monastère renommé des environs, pour la chapelle particulière d'un patron vénéré. Souvent, l'orfèvre ne travaille pas sur la commande d'un client : ce n'est ni pour un seigneur ni pour un prélat qu'il jette l'or et l'argent au creuset, qu'il cisèle le métal et qu'il enchâsse les pierreries. Lui aussi enrichit de ses offrandes les trésors des églises. Bernard Itier mentionne un don important fait en

---

(1) *L'Orfèvrerie et les Orfèvres de Limoges.* Limoges, veuve Ducourtieux, 1884.

1211 à l'abbaye de Saint-Martial par un célèbre artiste Limousin du temps, nommé Chatart.

Rappelons enfin que l'existence d'ateliers monastiques, ne produisant pas en vue du commerce, travaillant exclusivement pour les besoins et l'honneur du culte, ne saurait être contestée. Il paraît certain qu'il en a été fondé, dès une haute époque, à Solignac, et on ne peut guère douter que l'abbaye chef d'ordre de Grandmont par exemple n'ait possédé un atelier de ce genre. Nous avons exposé ailleurs l'ensemble d'indices qui concourent à établir ce fait (1). — L'imagination et le génie des moines orfèvres, tout contenus qu'ils sont par les habitudes austères du cloître, par les règles inflexibles de la liturgie, ont dû néanmoins se manifester avec une certaine originalité. Fabriquer des objets pour le culte, des crucifix vers lesquels s'élèveront avec respect et avec amour les regards des fidèles, des calices pour le saint sacrifice, des reliquaires pour les ossements des bienheureux, n'est-ce pas donner à l'art son emploi le plus noble et le plus élevé? Dès lors, l'artiste ne doit-il pas tenter un effort et chercher à s'élever pour ainsi dire au-dessus de lui-même pour que son œuvre soit digne de tels usages? Où chercher une pensée éloquente, où chercher un symbolisme ingénieux et profond, si ce n'est dans ces ouvrages exécutés par des croyants, parfois par des prêtres, peut-être par des saints, pour le service de Dieu, de ce Dieu qu'ils ont préféré au monde, aux plaisirs et à la liberté de la vie, souvent aux richesses et aux honneurs? Et ces saints et illustres personnages, ces grands serviteurs du Christ qui avaient été comme son image sur la terre, par la bouche desquels le Sauveur avait parlé, par la main desquels il avait chassé les mauvais esprits et guéri les malades, pouvait-on, pour y déposer leurs cendres vénérées, fabriquer de trop beaux écrins, et les coffrets qui renfermaient de tels trésors, devait-on craindre de les décorer de trop riches ornements?

Les corps des saints, en effet, ne demeuraient pas enfermés sous la pierre des tombeaux ou la table des autels, cachés à

---

(1) *L'École monastique d'orfèvrerie de Grandmont et l'autel majeur de l'église abbatiale.* Limoges, veuve Ducourtieux, 1888.

tous les yeux. Dès une époque reculée, on les retira de leurs sépultures pour les placer sous les regards des fidèles, et l'usage s'établit d'offrir, dans certaines occasions solennelles, leurs reliques à la vénération du peuple.

Au front des retables, dans les niches sculptées qui s'accrochaient aux piliers, sur les dressoirs ou dans les armoires des sacristies, au milieu des trésors des églises et des monastères, ces restes ne pouvaient pas être exposés nus. Il fallait les garantir des injures du temps, les préserver des pieux larcins et des dommages que leur auraient causés les témoignages trop répétés et trop énergiques de la dévotion des fidèles ; il fallait que leur intégrité et leur authenticité demeurassent à l'abri de toute crainte et de tout soupçon ; enfin, il était indispensable non seulement de prévenir tout mélange, toute confusion entr'eux, mais même d'en écarter la seule idée. On enferma donc chaque ossement, chaque parcelle de corps saint dans une cassette ou dans un vase spécial, plus ou moins riche, suivant l'importance de la relique, la vénération dont elle était l'objet et les facultés de l'église ou de la maison religieuse qui s'en trouvait dépositaire. La fabrication de ces récipients fut une des principales branches de notre industrie limousine.

II

Parmi les formes qu'on adopta de préférence pour les vases ou boîtes destinés à contenir les restes des saints, une des plus usitées dut être celle d'un tombeau. Il semble naturel que la cassette où l'on plaçait ces ossements rappelât l'aspect de l'asile funéraire auquel le corps avait été tout d'abord confié. De là ces fiertes, grands coffres allongés où le cadavre tout entier peut trouver place, et ces châsses plus petites, ces écrins, faits pour renfermer quelques parcelles d'os, une dent, des cendres, un lambeau de vêtement. Une auge rectangulaire peu élevée, que surmonte un couvercle de forme prismatique ou demi-cylindrique, voilà le type vraisemblablement le plus ancien et un des plus fréquents du reliquaire.

Cette forme basse et lourde, dont la période du haut Moyen âge a laissé quelques spécimens, est encore assez commune en Limousin aux XIIe et XIIIe siècles. La châsse de l'église de

Banise (Creuse), celle de Chanteix (Corrèze), sont des échantillons caractéristiques d'un type que rappelle le coffret dit de l'évêché de Limoges et auquel se rattachent les fiertes de saint Viance et de Chamberet (Corrèze), mais avec plus de recherche dans la composition et de richesse dans le décor. Ces châsses rappellent la mort sous son aspect pour ainsi dire matériel : le cadavre étendu sur la terre, sans mouvement et sans voix, ou dispersé en menus débris où l'œil ne retrouve plus rien de la forme humaine et que maintient seuls réunis le cercueil où on les a déposés.

La pensée du chrétien ne peut demeurer longtemps rivée au corps abandonné par la vie. Elle quitte la terre et s'éloigne de cette dépouille que l'être n'anime plus, et que le Créateur, en attendant la résurrection finale, abandonne à l'action des éléments et des forces naturelles. Ces débris ne seront pas anéantis, et Dieu, au jour dernier du monde, saura les retrouver et les réunir.

Les côtés de l'auge s'élèvent; l'angle du couvercle devient de plus en plus aigu; les pignons s'allongent; le caractère du décor se modifie : le cercueil se transforme en maison. Ce n'est plus la mort qui habite là, c'est la vie..... En vérité, ils ne dorment pas dans la poussière de la tombe, ces martyrs qui ont donné leur sang pour le Christ; ces vierges qui lui ont réservé les prémices de leur beauté; ces docteurs qui lui ont consacré leurs veilles laborieuses, les éclats puissants de leur voix, les trésors de leur science. Ils sont vivants, vivants de la vie divine et pour l'éternité. Ils vivent pour intercéder en faveur des hommes ; ils tressaillent à nos prières, les entendent, les accueillent et les portent à Dieu. N'enfermons pas dans un tombeau la dépouille de ces immortels, cette dépouille qu'après le dernier jugement l'âme glorieuse réclamera comme sa digne compagne et qui, ayant été à la peine, a le droit, comme l'âme elle-même, d'être un jour à la récompense et à l'honneur.

Aussi est-ce déjà une maison, une habitation de la vie, — les tuiles de son faîtage le prouvent, — que ce vieux coffret mérovingien conservé dans l'église de Saint-Bonnet-Avalouze (Corrèze), et dont l'Exposition de Tulle de 1887 a révélé l'existence. Encore une maison, cette magnifique châsse de Gimel (Corrèze), un des plus beaux monuments de notre orfèvrerie et de notre émaillerie limousines : — une maison ou plutôt un palais. Un saint n'est-il pas un prince, un prince de cette cour céleste que se représente vaguement l'imagination du chrétien à travers les nuages et les tonnerres de la vision grandiose de saint Jean.

Plus modestes, néanmoins, sont les châsses de la plupart de nos églises limousines : celles de Saint-Junien, d'Aixe, de Solignac, de Laurière, de Saint-Victurnien, de Meilhac, le vieux coffret de Bellac (Haute-Vienne), ceux de Noailles et d'Obazine, de Masseret, de Beaulieu et de Saint-Hilaire-Foissac (Corrèze). Mais on y reconnaît un abri pour un vivant, non plus un asile de la mort. Elles affirment, en quelque sorte, l'existence de ceux dont la piété des fidèles a déposé là et conserve les restes immortels.

Nouvelle métamorphose. Voici la maison, le palais qui grandit encore. Ce n'est point, en effet, une demeure humaine que la foi du chrétien doit donner à un bienheureux. Et la maison devient chapelle, et le palais devient église monumentale. A son extrémité, s'arrondit une gracieuse abside ou se développe un large chevet. Et sur ses parois, des ornements surgissent ; des pilastres accentuent leur relief ; des colonnes robustes ou élégantes, légères ou trapues, arrondissent leurs fûts. Au-dessus, des archivoltes se courbent en cintres ou s'élancent en ogives. Des statues apparaissent ; des baies s'ouvrent, laissant un rayon d'en haut descendre sur les ossements du bienheureux. Voici la châsse de Pourrioux (Creuse), avec ses statuettes en relief et sa flèche élancée. Voici les deux châsses de la cathédrale de Tulle, avec leur transsept; celle de Lapleau (Corrèze), avec sa disposition et son aspect caractéristiques ; voici la grande fierte d'Ambazac (Haute-Vienne), avec ses bas-côtés, ses avant-corps, ses frontons saillants, ses fenêtres géminées, ses toitures à imbrications, toute sa structure architecturale dont chaque détail est accentué, relevé par l'éclat des gemmes, par les tons vifs et profonds des émaux. Voici encore les coffrets, à la fois tombeau et église, de Saint-Viance, de Chamberet (Corrèze), du Chalard (Haute-Vienne).

III

Les *encolpia*, reliquaires portatifs qui se suspendaient au cou ou se fixaient sur la poitrine, eurent quelquefois la forme d'un coffret, d'un écrin ; mais ils en affectèrent d'autres et de très variées. Tantôt la relique était déposée au centre d'un triptyque plus ou moins compliqué, rappelant presque toujours la figure d'un édicule à porte monumentale, refermant ses deux battants, rehaussés de filigranes et de pierreries, sur le trésor confié à sa garde. Tantôt le réceptacle de l'ossement sacré était un livre, un simple diptyque qui, en s'ouvrant, laissait aux ignorants, aussi bien qu'aux savants, lire la leçon et l'exemple de la vie. Les mêmes formes furent souvent adoptées pour les reliquaires de plus grandes dimensions destinés aux trésors des églises. Les anciens inventaires de nos abbayes limousines mentionnent un nombre assez considérable d'objets de ce type, et nous en possédons encore quelques-uns, la plupart élevés sur un pied ou une tige, comme le petit triptyque de cuivre doré et gravé que conserve l'église d'Isle, aux portes de Limoges. Le plus célèbre des reliquaires de cette catégorie qui existât en 1789 dans toute la région était celui de la Vraie Croix de Grandmont. Mais il n'était pas de fabrication limousine, et avait été envoyé, en 1174, au grand monastère, par Amaury, roi de Jérusalem.

Notons, comme se rapportant au même type, l'ancien reliquaire de la Vraie Croix des Billanges (Haute-Vienne), provenant aussi du Trésor de Grandmont. La parcelle du bois sacré était fixée sur la couverture du livre des Evangiles, que saint Etienne de Muret, revêtu d'une longue dalmatique d'étoffe orientale, présente sur un riche coussin à la vénération des fidèles.

Une des formes les plus ordinaires des *encolpia* fut la croix. On comprend aisément la préférence des artistes pour le signe de la Rédemption. On adopta souvent la même forme pour les phylactères. Rien de plus commun, autrefois, que ces croix reliquaires dans les trésors de nos églises, et maintenant encore il n'est pas rare d'en rencontrer. La plupart sont à deux traverses et d'argent doré. Toutes ou presque toutes paraissent avoir été destinées à renfermer du bois de la vraie Croix. Leur décor offre d'habitude une grande richesse. Nulle part on ne trouve des pierreries plus fines, plus précieuses, plus variées, de plus belles intailles, des filigranes plus gracieux, disposés avec plus d'art et de goût. Celles du Dorat, des Cars (Haute-Vienne), d'Obazine et de Darnets (Corrèze) sont remarquables à divers titres ; mais nous plaçons bien au-dessus d'elles, celle de Gorre (Haute-Vienne), et surtout l'admirable croix d'Eymoutiers (Haute-Vienne), bien qu'elle ait été détériorée par de maladroites réparations,

La forme du calice, de la coupe mystique où le prêtre boit le sang d'un Dieu et où l'humanité renouvelle ses forces et son espérance, a été souvent donnée aux reliquaires. Un des plus beaux de ceux-là est incontestablement celui d'Arnac-la-Poste (Haute-Vienne). Le phylactère de *Tous-les-Saints*, provenant comme lui de Grandmont, et conservé dans l'église de Châteauponsac (Haute-Vienne), procède du même type, bien que l'artiste ait, dans ce second reliquaire, remplacé par des lignes droites un peu sèches, les harmonieuses courbes qui donnent au profil du premier une si heureuse ampleur. Par l'ornementation de sa partie supérieure, le reliquaire de Châteauponsac se rattache du reste à la catégorie des reliquaires à formes architecturales, trop variés de types, de dispositions, de détails, pour qu'on essaie d'en donner une nomenclature quelconque.

Souvent, dans les phylactères qui affectent la forme d'un vase, d'une urne, l'artiste n'a demandé au métal que la monture ; le cristal a fourni la matière du récipient lui-même : coupe, aiguière, burette, ampoule. Mentionnons, parmi les reliquaires de cette catégorie, celui de Milhaguet (Haute-Vienne), avec son aigle gravée d'un si beau caractère ; ceux de Saint-Michel de Limoges, d'Arnac-la-Poste, de Saint-Sylvestre (Haute-Vienne).

Les reliquaires tubulaires, horizontaux ou verticaux, appartiennent à la même famille : ceux d'Egletons (Corrèze), d'Eymoutiers (Haute-Vienne), à cylindres horizontaux, ont été plusieurs fois dessinés et publiés.

Innombrables, nous l'avons dit, sont les types de l'orfèvrerie qui s'inspirent de l'art monumental, de ses formes d'ensemble ou de ses éléments : le portique, la baie, la colonne, le socle, le fronton. Il n'y a point de limite à l'imagination et à la hardiesse du talent. Tout semble avoir été tenté, et cependant on trouve encore et on trouvera toujours, dans les immenses domaines de l'esprit, sur les hauts sommets de l'invention, des sentiers inexplorés et des cimes vierges, d'où le regard verra s'ouvrir des horizons élargis, d'où la pensée s'élancera pour explorer des contrées nouvelles.

IV

Mais toutes ces formes, sans mouvement et sans vie, ne sauraient traduire les élans de la foi chrétienne. Il faut la nature animée pour s'associer d'une façon plus complète aux sentiments de l'artiste et du fidèle. C'est à elle que les orfèvres vont demander leurs plus gracieuses inspirations.

Le végétal a figuré de toute antiquité dans l'ornementation. A ce règne appartiennent les rinceaux qui courent sur les fonds des fiertes et des coffrets, à travers les cabochons, les gemmes, les intailles, égayant le décor et semant en quelque sorte la vie au milieu du réseau rigide qui accuse l'ossature de la châsse, la membrure sèche et anguleuse de la croix. Des branches feuillues, de souples rameaux contournent les lignes et les courbes régulières de la pièce, jetant à droite et à gauche des vrilles et des fleurons qui se ploient à leur tour dans tous les sens, créant de nouveaux mouvements, ébauchant de nouvelles harmonies ou de nouveaux contrastes, allant porter la vie et la variété dans toutes les parties et jusqu'aux angles extrêmes de chaque face, de chaque panneau. Enfin, apparaît à l'extrémité du rameau, la fleur ou le fruit : et surtout cette fleur caractéristique qui, dès l'époque romaine, se balance au milieu des guirlandes de lierre employées dans le décor de la patère de Pyrmont et de la gourde de Pinguente, et que nous retrouvons dans celui de la plupart de nos châsses limousines des XIIe et XIIIe siècles, parfois à peine éclose et d'un dessin un peu raide, parfois épanouie et laissant, comme sur le coffret du Chalard, ses pétales déborder librement sur l'émail ou le cuivre des fonds.

Mais la fleur ne reste pas un simple ornement et un accessoire. Elle devient, comme le fruit : pomme rappelant la chute de l'humanité, grenade aux mille graines, raisin de la vendange céleste, le sujet principal, la pièce caractéristique, le reliquaire lui-même. Où pourrait-on placer mieux le trésor sans prix qu'il s'agit de conserver? Quelle autre forme s'accommoderait, avec un symbolisme plus délicat et plus saisissant à la fois, aux pensées qu'évoque le souvenir de la vie sublime des saints ? La tige de l'arbuste ou de la plante ne monte-t-elle pas vers le ciel comme les élans de l'esprit de l'homme et les aspirations de son cœur ? Pendant que les racines du végétal plongent dans la terre et le retiennent en bas, la fleur ne fait-elle pas un effort pour se dégager de l'étreinte de cette boue dont elle redoute les souillures ? Elle lève en haut la tête, la fleur mystique de la sainteté, et monte loin, bien loin des sollicitudes humaines, des tristesses, des tentations et des chutes d'ici-bas. C'est dans le cœur même de cette fleur que l'artiste déposera la cendre ou les ossements du saint, et sur la tige légère qui le rattache à son piédestal, l'élégant reliquaire élèvera ce précieux dépôt entre la terre et le ciel. Tantôt il le cachera, avec un soin jaloux, entre les feuilles de sa corolle, comme un mystérieux et ineffable trésor : tantôt, au contraire, il s'épanouira pour montrer à tous les yeux cette poussière qui fait sa gloire et son orgueil. Il semblera dire : « Voici le meilleur de moi-même et le plus beau joyau qu'ait pu me fournir la terre. Ce trésor est d'un trop haut prix pour les régions d'en bas. Il est digne du ciel : que le ciel le prenne ! » La sainteté n'est-elle pas, en effet, le plus haut degré d'épanouissement de l'être et comme la plus sublime floraison de la nature humaine.

Fleur ou fruit, le végétal, par sa grâce et sa souplesse, se prête admirablement aux fantaisies délicates de l'artiste. Les reliquaires à tige sont nombreux dans les trois départements formant l'ancien territoire du diocèse de Limoges ; leur profil, leur disposition et leur décor sont des plus variés. Citons parmi les plus élégants, ceux de Saint-Michel de Limoges, de Saint-Sylvestre, de Saint-Georges-les-Landes (Haute-Vienne).

V

L'ange et l'homme ont leur tour : l'ange, ministre de Dieu, l'homme, image du créateur et chef-d'œuvre de ses mains.

C'est sous les traits du Christ lui-même que se montre le plus souvent la figure humaine dans les ouvrages de nos orfèvres émailleurs. L'Homme-Dieu occupe le centre du panneau principal de la châsse, ou surgit, les bras étendus, les jambes repliées, de la croix, instrument de son supplice et signe de sa gloire. Beaucoup de coffrets offrent pour sujet principal la crucifixion. En général, toutefois, l'artiste représente Jésus-Christ ressuscité et glorieux, à la fois père, juge et souverain, dominant le drame humain et assis au milieu des apôtres et des évangélistes. La Vierge aussi apparaît, tenant l'Enfant divin entre ses bras, comme sur l'élégant reliquaire de Saint-Michel de Limoges, où l'ampoule même dans laquelle sont déposées les reliques, supporte son trône ; ailleurs, comme sur la châsse d'Aixe (Haute-Vienne) et sur celles de Saint-Pierre de Tulle (Corrèze), elle est debout au pied de la croix, pleurant et priant. C'est encore elle dont l'image, sur un tableau d'ivoire, occupe le centre du beau phylactère en forme de quatre-feuilles, conservé dans l'église de Balledent (Haute-Vienne).

Le plus souvent, la décoration sculptée ou peinte des châsses représente les saints dont celles-ci gardent les restes et place sous les yeux quelques scènes de leur vie, leur martyre surtout. Sur la châsse de Laurière (Haute-Vienne), saint Pierre, attaché à la croix la tête en bas, occupe le centre de la face principale de l'auge; sur celles de Solignac (Haute-Vienne) et de Masseret (Corrèze), sainte Valérie est mise à mort; sur le coffret de l'église de Meilhac (Haute-Vienne), la même sainte est représentée apportant sa tête à saint Martial; celui de Noailles montre le supplice de sainte Catherine ; sur un autre de la collection Fayette, un sicaire s'élance, l'épée haute, sur sainte Foy, debout au pied de l'autel. Sur une châsse d'origine limousine, dont il paraît avoir été conservé un certain nombre d'exemplaires — M. l'abbé Texier a publié le dessin de l'un de ces coffrets et un autre a figuré il y a quelques années dans la vente Odiot, — saint Thomas Becket tombe sous les coups des meurtriers. Ailleurs, sur les fiertes de saint Viance et de saint Dulcème de Chamberet, par exemple, l'artiste montre le saint déposé par des mains pieuses dans le tombeau.

Parfois, la légende tout entière du bienheureux se déroule sur les deux faces principales de l'auge et du coffret, et sur les deux versants de la toiture. On peut citer comme exemple la merveilleuse châsse de Gimel, qui retrace d'une façon si originale la prédication et le martyre de saint Etienne, et le charmant coffret du cabinet de M. Rémi Texier, à Limoges, qui a appartenu à l'abbé Texier, frère du propriétaire actuel, et où les principales scènes de la venue à Limoges de saint Martial et de la vie de sainte Valérie sont rendues avec une naïveté délicieuse et une remarquable intensité d'expression.

En général, cependant, l'auge seule est décorée de scènes se rapportant à la vie du saint : l'auge, c'est la terre et l'existence terrestre, l'épreuve et le combat, quelquefois le sacrifice suprême, le martyre ; le toit figure le ciel. On y voit représentés le plus souvent le Christ, la Vierge, des anges ; parfois, le bienheureux y apparait, s'élevant au séjour des élus au milieu des nues ou bien transfiguré et jouissant de la félicité éternelle, prix de ses travaux, de ses souffrances et de ses vertus.

La figure humaine devient souvent la pièce principale du reliquaire, parfois le reliquaire même. Le bel ange byzantin de cuivre ciselé, à ailes d'émail, de Saint-Sulpice-les-Feuilles (Haute-Vienne) porte sur sa tête une urne renfermant les cendres sacrées (1). Un autre écrin pieux, conservé dans la sacristie de la même église et provenant, comme le précédent, de l'inépuisable trésor de Grandmont, contient des reliques de saint Sébastien dans une boîte en tronc de pyramide à huit pans, recouverte d'émaux peints de la toute première époque et surmontée d'une statuette du saint en argent repoussé. Aux Billanges, c'est une figure ciselée de saint Etienne de Muret qui porte le livre où s'enchâssait jadis la relique. La jolie Vierge de la collection Durand, à Limoges, en cuivre repoussé et doré (2), tient sur ses genoux une sorte de bassin avec couvercle qui a servi à renfermer soit une hostie consacrée, soit une parcelle d'ossement de saint.

---

(1) Cet ange pourrait bien avoir eu primitivement une autre destination et avoir servi de support à une châsse ou à quelque pièce de dimension plus considérable que le phylactère actuel, pièce qui était peut-être portée sur plusieurs pieds.

(2) Cette pièce a été vendue depuis peu. Une statuette à peu près semblable figurait dans la fameuse collection Spitzer.

On a souvent donné aux reliquaires destinés à recevoir des parties considérables du corps, la tête ou de grands ossements, la forme même de la portion de l'être humain qu'on y déposait. Les bustes d'argent étaient fort communs. L'*inventaire* du Trésor de Grandmont, dressé en février 1496, ne mentionne pas moins de huit de ces sortes de reliquaires conservés à ce moment dans l'église abbatiale. Il en existe encore un assez grand nombre dans la région à laquelle se limite notre étude : ceux de saint Martin, à Soudeilles; de saint Dumine, à Gimel; de sainte Essence, à Brive; de sainte Fortunade, dans l'église de ce nom (Corrèze); de sainte Valérie, à Chambon; de saint Pardoux, à Guéret (Creuse); de saint Etienne de Muret, à saint Sylvestre; de saint Till ou Théau, à Solignac; de saint Aurélien, à Limoges; de saint Yrieix, à Saint-Yrieix-la-Perche; de saint Victurnien, dans l'église de ce nom; de saint Ferréol, dans celle de Nexon (Haute-Vienne). Deux ou trois de ces objets sont modernes, mais la plupart remontent aux XIVe et XVe siècles. Ceux de Sainte-Fortunade et de Saint-Etienne de Muret ont une haute valeur d'art.

On compte encore douze ou quinze églises qui possèdent des bras reliquaires : Solignac, les Billanges, Mailhac, Le Vigen (Haute-Vienne) ; Beaulieu, Chamberet, Saint-Fréjoux, Vigeois (Corrèze); Charrièras, Pionnat (Creuse). Au musée de Guéret, on en conserve un assez intéressant. La plupart de ces pièces sont anciennes ; quatre ou cinq remontent au XIIIe siècle, voire au XIIe.

Les reliquaires en forme de jambe ou de pied sont plus rares : nous n'en connaissons pas dans l'étendue de l'ancien diocèse de Limoges.

VI

En énumérant les types les plus caractéristiques adoptés pour les formes des reliquaires eux-mêmes (1), nous avons indiqué les éléments principaux de leur décor, les motifs que chaque

---

(1) On trouvera un grand nombre de spécimens de tous les types de reliquaires dans le magnifique ouvrage de notre confrère et ami Ernest Rupin, l'*Œuvre de Limoges*, véritable monument élevé à la gloire de notre art limousin.

conception particulière, chaque ordre d'idées fournit à l'ornementation des objets.

Au métal repoussé, martelé, estampé, fondu, ciselé, gravé ; au cuivre qui fournit, avec l'argent, la matière de la plupart des châsses et des phylactères ; auquel on demande les statuettes, les têtes en relief, les colonnettes, les ornements de toute sorte appliqués à leurs parois, se mêlent des gemmes extrêmement variées, depuis les pierres les plus fines et les plus rares jusqu'au simple cristal taillé, et des émaux de toute nature et de toute couleur.

L'ivoire, quelquefois, comme dans le joli reliquaire de Balledent (Haute-Vienne), montre ses tons blanc mat, roux ou jaune pâle, auprès des notes vives et des couleurs éclatantes des rubis, des émeraudes, des améthystes. Il y avait autrefois beaucoup d'objets en ivoire dans les trésors de nos églises ; ils ont presque tous disparu, et on en retrouve souvent dans les ventes publiques. Nous avons cru en reconnaître plusieurs dans la collection Spitzer, dont la vente a été un véritable événement pour les amateurs, les archéologues et les artistes.

On trouve, sur les châsses et les phylactères, des pierreries de toute sorte, améthystes, turquoises, émeraudes, rubis, diamants, saphirs, lapis-lazuli. Dans le nombre, on remarque beaucoup d'intailles antiques dont les sujets sont quelquefois peu en rapport avec la destination pieuse de l'objet qu'elles décorent. Certaines pièces du XIIe siècle, par exemple, offrent des pierres gravées représentant des amours ou même des emblèmes phalliques. Quelques-unes de ces pierreries, deux de celles de la croix de Gorre (Haute-Vienne), entre autres, ont certainement une origine orientale. Beaucoup ont été données pour orner les reliquaires auxquels nous les voyons attachées ; d'autres proviennent de libéralités anonymes ; on les a trouvées un jour dans le tronc de l'église, dans l'urne de la chapelle du patron, sur la dalle devant l'autel. Des chroniques de Saint-Martial font mémoire de plusieurs offrandes de ce genre.

L'émail est un des éléments les plus importants et les plus intéressants du décor des châsses et des phylactères. Nous avons dit que son emploi constituait un des traits distinctifs des produits de nos ateliers limousins du moyen âge. Le plus souvent, l'émail de Limoges est champlevé ou incrusté, c'est-à-dire placé dans des cavités réservées sur l'excipient. On ne connaît qu'un très petit nombre d'exemples de l'usage du cloisonné, et ceux que nous pourrions citer seraient empruntés à des pièces, — l'ange byzantin de Saint-Sulpice-les-Feuilles, par exemple, ou le reliquaire de Châteauponsac, — dont l'origine limousine n'est pas tout à fait hors de doute. Ajoutons que les émaux translucides ne paraissent pas, non plus, avoir été communs : on en trouve du moins fort peu, et le buste de Saint-Martin de Soudeilles (Corrèze) fournit un des rares spécimens de cette sorte d'émaux que nous puissions signaler.

A partir de la fin du xve siècle, l'émail peint est quelquefois employé dans la décoration des objets affectés au culte, et c'est précisément un reliquaire, celui de saint Sébastien, conservé dans l'église de Saint-Sulpice-les-Feuilles, qui fournit le plus ancien exemple à date certaine (son existence est constatée par l'inventaire du trésor de Grandmont, du mois de février 1496), de l'emploi de l'émail peint proprement dit dans notre contrée. Les plaques du reliquaire de saint Sébastien sont d'un art assez grossier ; mais on connaît des objets d'une fabrication soignée, d'une véritable valeur artistique, ornés d'émaux peints exécutés avec beaucoup de finesse : les calices de l'hôpital de Limoges et de l'église de Sainte-Croix d'Aubusson, entr'autres, sont décorés de médaillons d'émail sur argent d'un certain mérite.

Les personnages qui figurent sur nos châsses limousines sont le plus souvent dessinés au burin sur les plaques de cuivre formant le revêtement des coffrets, et se détachent sur un fond d'émaux dont la gamme n'est pas très variée. Six couleurs principales : le bleu lapis, le blanc, le gris, le jaune, le vert foncé et le rouge, fournissent la coloration ordinaire du décor émaillé. Quelques teintes intermédiaires : le bleu turquoise et un vert s'en rapprochant beaucoup, viennent très souvent diversifier ces tons principaux : voilà toute la palette de nos artistes. Le violet apparaît sur un petit nombre de pièces particulièrement soignées. Quelquefois, mais rarement à partir du xiiie siècle, les personnages sont émaillés sur un fond de cuivre décoré plus ou moins richement.

On considère comme un indice à peu près certain de l'origine limousine d'une pièce, l'existence, sur le fond du décor, d'une bande horizontale d'émail, le plus souvent de couleur bleue ou vert turquoise, traversant le panneau tout entier et paraissant passer derrière tous les personnages, à mi-corps ou à la hauteur des épaules. Sur beaucoup de châsses et de plaques, on observe deux de ces bandes : l'une passe derrière les épaules, l'autre derrière les jambes.

Un signe non moins caractéristique et plus sûr peut-être de la fabrication limousine d'un morceau, consiste dans les têtes de cuivre ciselées en demi-relief ou en ronde bosse appliquées sur des figures dont le reste du corps est simplement gravé au burin, ou émaillé, — parfois, comme dans le coffret du musée de Limoges et la châsse de l'église de Saint-Pierre de Tulle, modelé d'une façon très légère. Rarement, les mains et les pieds des personnages sont aussi en relief : nous avons surtout observé cette particularité sur des crucifix émaillés.

Nous ne faisons ici qu'indiquer les lignes principales de notre sujet. Pour le traiter comme il mériterait de l'être, il faudrait entrer dans des développements qui excéderaient les bornes d'une simple notice. Nous n'avons nullement prétendu offrir une étude complète, que nous ne sommes pas en mesure d'écrire : tout notre désir a été d'appeler l'attention du clergé et du public sur la raison d'être, la signification et le symbolisme des formes données de préférence par nos anciens artistes aux reliquaires qui font encore l'honneur des modestes trésors de nos églises limousines. Les pages qui précèdent auront suffi pour remplir ce but.

Tulle, Imprimerie Crauffon, 195.

www.ingramcontent.com/pod-product-compliance
Lightning Source LLC
LaVergne TN
LVHW020516230826
846091LV00008BA/3488

* 9 7 8 2 0 1 3 6 7 1 2 7 9 *